ESTEJA AQUI

SUA SANTIDADE, O
DALAI LAMA

ESTEJA AQUI

Conforme narrado a Noriyuki Ueda

Tradução
Sandra Martha Dolinsky

1ª edição

Rio de Janeiro | 2021

CIP-BRASIL. CATALOGAÇÃO NA PUBLICAÇÃO
SINDICATO NACIONAL DOS EDITORES DE LIVROS, RJ

B929e

Bstan-'dzin-rgya-mtsho, Dalai Lama XIV, 1935-
Esteja aqui / Tenzin Gyatos, Sua Santidade, o XIV Dalai
Lama, Noriyuki Ueda; tradução Sandra Martha Dolinsky. - 1. ed. - Rio de
Janeiro : BestSeller, 2021.

Tradução de: Be here
ISBN 978-65-5712-131-3

1. Budismo - Doutrinas. 2. Vida religiosa - Budismo. 3. Felici-
dade - Aspectos religiosos - Budismo. 4. Compaixão - Aspectos religiosos -
Budismo. 5. Casualidade (Budismo). I. Ueda, Noriyuki. II. Dolinsky, Sandra
Martha. III. Título.

21-71880

CDD: 294.34
CDU: 24-58

Camila Donis Hartmann - Bibliotecária - CRB-7/6472

Texto revisado segundo o novo Acordo Ortográfico da Língua Portuguesa.

Título original
Be Here

Copyright © 2019 by Noriyuki Ueda
Copyright da tradução © 2021 by Editora Best Seller Ltda.

Todos os direitos reservados. Proibida a reprodução,
no todo ou em parte, sem autorização prévia por escrito da editora, sejam
quais forem os meios empregados.

Direitos exclusivos de publicação em língua portuguesa para o Brasil adqui-
ridos pela Editora Best Seller Ltda.
Rua Argentina, 171, parte, São Cristóvão
Rio de Janeiro, RJ - 20921-380
que se reserva a propriedade literária desta tradução

Impresso no Brasil

ISBN 978-65-5712-131-3

Seja um leitor preferencial Record.
Cadastre-se no site www.record.com.br
receba informações sobre nossos lançamentos e nossas promoções.

Atendimento e venda direta ao leitor
sac@record.com.br ou (21) 2585-2002

Nota do editor

Apego. Vazio. Compaixão. Existência. Você verá essas palavras repetidamente nos ensinamentos do Dalai Lama apresentados neste livro cheio de sabedoria.

Muitas práticas e meditações budistas se concentram em "estar no momento presente". Mas o que significa *estar aqui e agora*?

O Dalai Lama fala de apego — às coisas, às pessoas, à memória, à raiva e ao ressentimento, aos objetivos futuros. Estar apegado significa não estar aqui e agora e, sim, viver no lugar aonde quer que nosso apego nos leve.

Vazio. Isso significa abrir mão de tudo? Mesmo dos pensamentos presentes em nossa mente? Como a compreensão do vazio nos ajuda a *estar aqui e agora*?

O Dalai Lama é direto: se não aprendemos com o passado e não temos noção do futuro, como podemos ter um "presente"?

Nesta ampla discussão, o Dalai Lama fala sobre a natureza do vazio, da compaixão e do apego — tudo com o objetivo de nos dizer:

"Esteja aqui."

Quando estamos aqui, podemos praticar a compaixão no momento presente e nos concentrar na justiça social *agora*. Quando estamos aqui, nos libertamos do passado, e do estresse com o futuro; não somos mais prisioneiros do sofrimento.

Estar aqui significa que encontramos felicidade, paz e plenitude de vida.

Este livro foi compilado de uma entrevista com o Dalai Lama realizada por Noriyuki Ueda, um conhecido escritor, conferencista e antropólogo cultural japonês. Como pesquisador visitante no Centro de Estudos Budistas da Universidade de Stanford, Noriyuki Ueda ministrou uma série de vinte palestras sobre o budismo contemporâneo, durante as quais seus alunos lhe perguntaram: "O budismo pode ser a solução para os problemas atuais"?

A entrevista com o Dalai Lama joga luz sobre essa questão.

ESTEJA AQUI

O tempo no qual só os monges decidiam como o budismo deveria ser praticado acabou. Pessoas de todas as áreas do conhecimento — educadores, cientistas, administradores — devem se reunir para discutir o renascimento do budismo nos tempos modernos.

Os ensinamentos do Buda têm dois níveis: a sabedoria e os meios expedientes — ou, em outras palavras, a compreensão da verdade e a ação prática, aqui e agora.

"Sabedoria" é o conhecimento da causalidade, ou vazio; "expediente" refere-se à ação não violenta ou à prática da compaixão.

O que é vazio? É o conceito de que todos os fenômenos devem ser entendidos como mutuamente interdependentes. Essa ideia forma o núcleo do ensino de Nagarjuna sobre o "caminho do meio". Nada surge sem uma causa.

Isso contrasta com a crença cristã em um criador divino de tudo. No budismo, entendemos que todas as coisas são produzidas por causa e efeito. Felicidade, sofrimento e tudo o mais surgem por conta de causas específicas. Tudo nasce não de si mesmo, mas de suas causas.

A causalidade indica a interdependência de todas as coisas. O vazio não é nada; significa que as coisas existem dentro do conceito de causa e efeito. *Tudo é vazio por natureza*; nada existe por si mesmo e as coisas são mutuamente interdependentes.

No budismo, tanto a sabedoria a respeito do vazio quanto a prática da compaixão são importantes. Compaixão e bondade são a essência do budismo.

"OS ENSINAMENTOS DE BUDA
TÊM DOIS NÍVEIS:
A COMPREENSÃO DA VERDADE
E A AÇÃO PRÁTICA,
AQUI E AGORA."

Vazio e compaixão

Qual é a conexão entre vazio e compaixão? Alguns monges budistas entendem e pregam a doutrina do vazio, mas claramente carecem de compaixão para com os seres autoconscientes que sofrem. Nesse caso, pode haver compreensão da verdade, mas nenhuma ação prática.

Se uma pessoa entende o vazio, a compaixão surge naturalmente. Se não surgir, pode ser que a compreensão do vazio seja falha.

O vazio é a interdependência entre todas as coisas, mas muitas vezes é mal interpretado e compreendido como sendo o nada. Se desenvolvermos nossa compreensão do vazio, a compaixão surgirá naturalmente, pois todas as coisas são interdependentes e interconectadas numa relação de causalidade.

> "SE UMA PESSOA ENTENDE O VAZIO, A COMPAIXÃO SURGE NATURALMENTE."

Mas como a compaixão surge naturalmente? Acho que esse assunto esconde um problema muito delicado.

Com relação à compreensão do vazio, existem quatro escolas filosóficas: Sarvâstivāda, Sautrāntika, Yogâcāra e Madhyamaka. As duas primeiras são filosofias Hīnayana, ao passo que as últimas são filosofias Mahāyāna independentes. Aqueles que estudam o Budismo Mahāyāna devem se aprofundar nas quatro escolas. A Madhyamaka é ainda dividida nas escolas Svātantrika e Prāsangika.

Para compreender o vazio profundo, devemos entender a diferença sutil entre as visões do "não eu", enfatizada nas filosofias Yogâcāra, Svātantrika e Prāsangika. O vazio mais profundo e mais elevado, segundo a escola Prāsangika, é a interpretação de que todas as coisas dependem de causas e condições para existir.

Em outras palavras, nada existe por si mesmo; a existência das coisas é consequência de causas e condições. Pelo conceito de causalidade, tudo depende de tudo e, por meio dessa relação, podemos perceber a realidade.

O vazio ser entendido como causalidade não significa que um estado no qual nada tangível existe, e sim que todas as coisas surgem neste mundo de acordo com causas e efeitos.

Meu primeiro ponto é a compreensão do vazio baseada na causalidade, onde nada possui natureza própria. Mas a compaixão não surge apenas dessa compreensão.

ESTEJA AQUI

Meu segundo ponto é que, uma vez conhecendo o significado do vazio com base na causalidade, podemos ver que o sofrimento de todas as coisas vivas está enraizado na ignorância, assim como perceber que ela pode ser extinta.

O vazio e a ignorância são completamente opostos. O fracasso em compreender o vazio e a interdependência é ignorância e, à medida que se fortalece a convicção a respeito do vazio, a ignorância perde seu poder.

Cultivando a consciência sobre o vazio, a ignorância — que é a fonte de nossa confusão e do sofrimento — pode ser aniquilada.

Vemos que os seres autoconscientes sofrem por causa dessa ignorância e, então, surge um sentimento de compaixão por eles. Sendo capazes de ver a causa do sofrimento humano, perceberemos que ele desaparece se extinguirmos sua causa, e é assim que surge a compaixão.

SUA SANTIDADE, O DALAI LAMA

"TUDO DEPENDE DE CAUSAS E CONDIÇÕES PARA EXISTIR."

ESTEJA AQUI

"TUDO DEPENDE
DE TUDO. POR MEIO
DA CAUSALIDADE, PERCEBEMOS
A REALIDADE."

Existem níveis diferentes de compreensão do vazio, mas, se entendermos corretamente o vazio mais profundo com base nos ensinamentos da escola Prãsangika, saberemos que a ignorância pode ser eliminada. Quando vemos seres autoconscientes sofrendo por causa da ignorância, a compaixão desperta em nós.

Os monges que estudam sutras de maior profundidade e alcançam um alto nível de conhecimento têm mais dificuldade de sentir compaixão pelo sofrimento comum porque seu conhecimento é acadêmico.

Segundo o budismo, os seres humanos experimentam três tipos de sofrimento: o da dor física, o da mudança e o onipresente.

ESTEJA AQUI

Dos três, os monges com mais estudo tendem a estar mais cientes dos conceitos mais difíceis dos sofrimentos onipresente e da mudança que do sofrimento da dor física. Portanto, quando encontram esse tipo de sofrimento "inferior", pode ser mais difícil para eles sentir compaixão.

Por que algumas pessoas que se dizem budistas não têm compaixão?

No Tibete, um idoso que vê um cachorro doente e faminto sente pena do animal e lhe dá de comer, ao passo que alguns monges parecem não ter compaixão.

SUA SANTIDADE, O DALAI LAMA

"O FRACASSO EM COMPREENDER O VAZIO E A INTERDEPENDÊNCIA É IGNORÂNCIA."

ESTEJA AQUI

"CULTIVAR A CONSCIÊNCIA DO VAZIO SIGNIFICA QUE A IGNORÂNCIA — FONTE DE NOSSA CONFUSÃO E SOFRIMENTO — PODE SER ANIQUILADA."

Vejamos agora a experiência pessoal de Geshe Dorje Damdul. Ele foi educado em uma escola para crianças tibetanas refugiadas, onde recebeu uma educação ocidental moderna. Aos 20 anos de idade, entrou em nosso mosteiro, ao sul da Índia. Portanto, ele pode falar sobre duas experiências educacionais distintas.

Geshe reconhece que alguns monges muito instruídos não aplicam, na prática, o que aprenderam. Por outro lado, existem outros capazes de usar o conhecimento acadêmico para cultivar uma compaixão tão transcendente e profunda que não pode ser comparada com a de pessoas comuns.

Geshe estudou no mosteiro por 16 anos e sua experiência pessoal mostrava que a vida

ESTEJA AQUI

monástica era muito diferente daquela vivida extramuros.

No mosteiro, você se sente relaxado e seus amigos estão sempre dispostos a ajudar. Uma vez que a vida na instituição fica para trás, aos poucos, você experimenta uma grande diferença, como se não houvesse ninguém ao seu redor e fosse preciso se virar sozinho.

No mosteiro, há uma enorme harmonia, uma incrível sensação de confiança, segurança e felicidade.

Esse é o lado positivo. [Risos]

Mas admito que também haja um lado negativo. Há pessoas muito instruídas em mosteiros, mas algumas jamais unem o conhecimento à prática da vida real. Então, apesar de toda educação e compreensão, por causa da falta do lado prático acabam se comportando de forma fria e indiferente. Mas apenas alguns monges têm essas características negativas. A maioria une estudo e prática, e muitos possuem uma bondade profunda, baseada na sabedoria.

No pior dos casos, alguns monges tornam-se muito eruditos em relação às instituições monásticas, mas não são capazes de integrar o conhecimento à prática. Eles se tornam muito eloquentes e bons em debater, então ninguém consegue desafiá-los; mas, na prática, não têm compaixão e bondade.

Sofrimento e o caminho do meio

O caminho do meio é muito importante no budismo, mas não significa simplesmente viver na equidistância, evitando extremos.

O próprio Buda nasceu como príncipe, para uma vida de prazeres mundanos, mas renunciou ao mundo e foi viver como ermitão, praticando jejum e sendo austero até quase morrer. Mas ele não atingiu a iluminação; então, saiu da floresta, curou a mente e o corpo e mergulhou na meditação até conseguir fazê-lo.

O caminho do meio serve para evitar extremos de prazer e dor, mas não significa que devemos permanecer ali desde o início.

SUA SANTIDADE, O DALAI LAMA

"O CAMINHO DO
MEIO NÃO SIGNIFICA
SIMPLESMENTE VIVER
NA EQUIDISTÂNCIA,
EVITANDO
EXTREMOS...

ESTEJA AQUI

…O VERDADEIRO SIGNIFICADO É REPRESENTADO POR UMA MOVIMENTAÇÃO DINÂMICA ENTRE OS EXTREMOS."

No budismo, seguir o caminho do meio é mover-se entre os extremos, experimentando-os.

Quando estamos entre os dois extremos, estamos *aqui*.

Muitos monges e outros budistas não abordam o problema real do sofrimento, mas pensam, erroneamente, que o caminho do meio significa apenas sentar-se confortavelmente ali, evitando os extremos, sem fazer nada.

Não é suficiente meditar no mosteiro. Devemos enfrentar o sofrimento do mundo exterior.

É tolice dizer que o caminho do meio significa ser indiferente à realidade ou desconhecer os extremos.

ESTEJA AQUI

"QUANDO ESTAMOS
ENTRE OS DOIS
EXTREMOS, ESTAMOS
AQUI."

O Buda ensinou a necessidade de paz. Naturalmente, poderíamos perguntar por que ele nos instruiu na ideia de que a paz é importante.

Por quê?

Sabemos que a violência causa sofrimento. Então é possível buscar a paz, tendo em mente que, para nos livrarmos do sofrimento, devemos acabar com a violência.

Precisamos tanto dos ensinamentos do Buda quanto da consciência de nossas próprias experiências.

Ao observar a história de vida do Buda, fica evidente por que ele ensinou o caminho do meio. O Buda ensinou com base em suas experiências.

ESTEJA AQUI

"AO OBSERVAR A HISTÓRIA DE VIDA DE BUDA, FICA EVIDENTE POR QUE ELE ENSINOU O CAMINHO DO MEIO."

O Buda renunciou ao mundo, partiu sozinho para se submeter a treinamento religioso e viveu com austeridade durante seis anos.

Ele jejuava com frequência, mas acabou percebendo que o jejum e outros esforços físicos não eram o suficiente: precisava usar a inteligência. Por isso, interrompeu as práticas ascetas e voltou a comer.

Quando usou a inteligência para cultivar sabedoria, pela primeira vez atingiu a iluminação.

Primeiro, devemos nos conscientizar do sofrimento. Mesmo sem tentar, mais cedo ou mais tarde todos experimentamos o sofrimento e queremos acabar com ele.

Para eliminar esse sofrimento, devemos entender que as abstinências físicas não são suficientes; que é essencial usar nossa inteligência humana para cultivar a sabedoria.

O próprio Buda ensinou com base em suas experiências, e nós também devemos começar com nossa própria experiência de sofrimento.

SUA SANTIDADE, O DALAI LAMA

"PARA UMA VIDA FELIZ PRECISAMOS DE VALORES INTERNOS *AGORA*."

Amor e apego

Cientistas estão começando a mostrar que os valores internos [põe a mão no coração] são muito importantes para uma vida feliz, e é disso que precisamos agora, não apenas espiritualmente, como também para nosso bem-estar físico.

A sociedade, iludida pelas coisas materiais, perdeu de vista o que é valioso de verdade. Julgamos tudo materialmente e não reconhecemos nenhum outro valor.

Nas famílias, as pessoas que ganham dinheiro são bem tratadas; aquelas que nada ganham são tidas como inúteis. Pessoas tratam melhor suas crianças quando enxergam nelas a chance de ganhar muito no futuro, e as negligenciam quando não têm essa perspectiva.

Alguns podem até achar que, como as crianças com deficiências não são úteis, seria melhor matá-las. O mesmo é verdade em relação aos idosos — uma vez que não ganham mais dinheiro, nada recebem além de sobras para comer.

Lidamos com os animais da mesma maneira. As galinhas poedeiras são tratadas bem, enquanto os machos e as fêmeas que não põem mais ovos são mortos. O mesmo se dá com as pessoas. Só as úteis são valorizadas; as que não são acabam abandonadas.

Nossa sociedade é tanto voltada para os jovens como para o uso. A civilização moderna

ESTEJA AQUI

reconhece somente aqueles que são úteis e rejeita os inúteis.

Em uma sociedade assim, precisamos orar para viver menos [junta as mãos]. Quando envelhecermos, seremos inúteis [cai na gargalhada].

Esse é um problema global. Acho que a maioria das sociedades acredita que o dinheiro é o único caminho.

Valores humanos mais profundos e amigos solidários são as coisas mais importantes da vida, mas as pessoas não reconhecem isso.

Por exemplo: em uma casa com poucos recursos e cheia de afeto, todos são felizes. Mas na casa de um bilionário, na qual os membros da família são invejosos, desconfiados e não há amor recíproco, não importa quão ricas sejam as pessoas ou quão bonitos pareçam os móveis daquele lar: seus habitantes estarão infelizes.

Esse exemplo mostra claramente a diferença entre valores superficiais e profundos.

O afeto e a bondade que nós, seres humanos, originalmente possuímos são os mais profundos, a base de todos os valores humanos.

Com esse alicerce, valores superficiais relacionados a dinheiro e bens materiais podem contribuir para a felicidade humana. Sem os valores profundos, aqueles superficiais não têm sentido. Então, como podemos distinguir entre amor e apego? Alguns pais pensam que ter um "bom filho" é a prova de que são amorosos com sua prole. Acreditam que se uma criança entra em uma boa escola é por causa de seu amor por ela.

ESTEJA AQUI

"COMO PODEMOS DISTINGUIR ENTRE AMOR E APEGO? PELA DIFERENÇA ENTRE VALORES MAIS PROFUNDOS E AQUELES SUPERFICIAIS."

Entrar em uma boa escola não é uma coisa ruim, de fato, mas se a família condiciona seu amor a essa conquista, não seria apenas controle sendo chamado de amor?

Os filhos não são propriedade dos pais; quando são tratados como se fossem, há apenas apego, não amor. Os pais usam o amor condicional para controlar os filhos.

Esses pais são apegados não apenas ao filho, como também à imagem que têm de si mesmos como pais de um bom filho. Esse tipo de relacionamento não é amor verdadeiro.

Essa é a diferença entre amor condicional e incondicional.

ESTEJA AQUI

"QUANDO OS PAIS TRATAM OS FILHOS COMO PROPRIEDADE, VALORIZANDO APENAS AS REALIZAÇÕES, HÁ APEGO, NÃO AMOR."

Acho que o amor genuíno é dado igualmente a uma criança inteligente e àquela com alguma deficiência. Na verdade, acho que uma criança com deficiência receberia naturalmente mais amor, mais cuidado. Mas, se o amor não for genuíno, se for condicional, ela será vista como inútil e não será amada.

Até certo ponto, acho que os animais também se comportam como pais que condicionam o amor. Alguns tipos de pássaros dão mais comida para seus filhotes maiores. Percebi que as corujas e as águias não distribuem a comida igualmente entre seus filhotes maiores e menores. Já que privilegiam os filhotes maiores, imagino que talvez os menores morram. Talvez, no mundo animal, estejam escolhendo seus descendentes da mesma forma que os humanos o fazem. Não sei.

Entre cães e gatos, como as mães tratam os filhotes fortes e os fracos?

Não sei, mas estou interessado nessa questão. Se dão mais alimento à prole grande e forte e não muito para os mais fracos, estão escolhendo descendentes com base no valor deles. Os animais se comportam assim devido a fatores biológicos.

As fêmeas também preferem machos maiores, para ter uma prole mais saudável e forte, por causa de um instinto biológico de perpetuar a espécie e produzir descendentes melhores.

Cervos machos costumam lutar pelas fêmeas, e aquele que vence exibe um ar majestoso

SUA SANTIDADE, O DALAI LAMA

"TENDEMOS A AVALIAR AS PESSOAS COM BASE EM SUA UTILIDADE."

enquanto o perdedor vai embora, desapontado [risos]. Tudo isso tem uma base biológica.

Da mesma forma, se uma mãe humana tem vários filhos, tratar melhor o mais forte tem origem biológica. E se ela vê a criança mais fraca como inútil e não lhe dispensa muito cuidado — deixando de lado o que acabamos de dizer sobre dinheiro e o valor da criança —, talvez esse comportamento tenha como base uma preocupação biológica.

O que é civilização?

Se cultura é certo padrão fixo de comportamento, podemos dizer que ela existe no mundo animal. Mas civilização é algo mais difícil.

Entre os animais, tudo é governado por fatores físicos. Entre os humanos, nos tempos antigos, estávamos mais próximos da categoria dos animais, apesar de mais fracos. A força física era tudo o que importava.

Mas, à medida que a civilização evoluiu, a inteligência humana se tornou dominante. A vida avançou e se tornou mais sofisticada por meio dessa inteligência, e esse desenvolvimento social é o que chamamos de civilização.

ESTEJA AQUI

Em outras palavras, o conceito de civilização está profundamente ligado aos valores humanos — ou, pelo menos, à nossa inteligência. Portanto, o triunfo do forte sobre o fraco, do ponto de vista físico, tornou-se menos importante.

A inteligência é uma característica única dos seres humanos, e na civilização a capacidade intelectual é superior à física. Assim como a inteligência, a afeição e a bondade que os seres humanos possuem também desempenham um papel importante.

SUA SANTIDADE, O DALAI LAMA

"O CONCEITO DE CIVILIZAÇÃO ESTÁ PROFUNDAMENTE LIGADO AOS VALORES HUMANOS."

Os valores humanos básicos mais importantes, que são o afeto e a bondade, existem em um nível diferente daquele do intelecto.

Em uma civilização baseada na inteligência, o intelecto desempenha um papel maior, e tendemos a avaliar e selecionar as pessoas por sua utilidade.

Mas, se apenas julgarmos intelectualmente e negligenciarmos nossos atributos originais de afeição e bondade, valorizando apenas as coisas úteis, corremos o risco de este ser o legado de nossa civilização.

Gostaria de explicar o que quero dizer quando falo em civilização.

De uma sociedade animal, na qual a força física era dominante, a inteligência humana fez surgir o que chamamos de "civilização", que superou a animalesca lei da selva.

"OS VALORES HUMANOS MAIS IMPORTANTES, QUE SÃO O AFETO E A BONDADE, EXISTEM EM UM NÍVEL DIFERENTE DAQUELE DO INTELECTO."

ESTEJA AQUI

"A CIVILIZAÇÃO BASEADA NO INTELECTO TENDE A AVALIAR E SELECIONAR AS PESSOAS COM BASE EM SUA UTILIDADE."

Mas, como a inteligência tende a valorizar as coisas segundo sua utilidade, surgiu um tipo diferente de discriminação. Por confiar apenas em nosso julgamento intelectual, corremos o risco de suprimir o afeto e a bondade, que são nossos atributos mais básicos como animais humanos.

No entanto, observando a história humana, nem sempre os mais fortes fisicamente tiveram mais poder.

A sociedade humana começou com caçadores-coletores e de uma forma igualitária. Se um caçador voltava com uma presa, esta era dividida igualmente entre todos os membros da comunidade. Na verdade, esse método é o melhor para garantir a sobrevivência do grupo.

ESTEJA AQUI

"AO CONFIAR APENAS EM NOSSO JULGAMENTO INTELECTUAL, CORREMOS O RISCO DE SUPRIMIR O AFETO E A BONDADE, QUE SÃO NOSSOS ATRIBUTOS MAIS BÁSICOS COMO ANIMAIS HUMANOS."

Naquela época, obviamente, a carne não podia ser preservada. Então, por exemplo, se eu caçasse um cervo grande e o guardasse para que só minha família o consumisse, uma parte certamente seria desperdiçada.

Portanto, a maneira mais lógica de minha comunidade sobreviver é distribuir minha caça entre todos, e os outros fazerem o mesmo.

Como as sociedades de caçadores-coletores tinham esse método de distribuição uniforme, quase não havia diferença de poder entre as pessoas, fossem elas mais ou menos fortes.

Mas a introdução da agricultura transformou a sociedade humana. As comunidades agrícolas se fixavam em um lugar, o que permitiu que as pessoas armazenassem os grãos colhidos, bem como móveis, utensílios domésticos e outros bens.

Nas sociedades agrícolas, a lacuna entre ricos e pobres aumentou dramaticamente, fazendo surgir uma nítida distinção entre aqueles que tinham poder e os que não tinham.

À medida que a acumulação de riqueza se tornou possível e instituições com grande poder se estabeleceram, as chamadas quatro grandes civilizações antigas tomaram forma.

O surgimento da agricultura deu origem à ideia de propriedade pessoal, de modo que se tornou mais seguro para a sobrevivência acumular os próprios recursos do que dividi-los entre todos os membros da comunidade.

Eventualmente, as pessoas começaram a lutar por poder e riqueza, e essas disputas originaram constantes guerras e conflitos.

Portanto, poderíamos dizer que a tendência de os fisicamente fortes dominarem os fracos não existia antes do advento da civilização.

Mas não é bem assim.

Mesmo em uma sociedade de caçadores como a dos animais, o mais forte consome mais carne. Quando uma mãe leoa mata um animal, o pai leão afasta os outros e se delicia com a carne. Os fortes comem mais. Acho que o mesmo aconteceu com os primeiros seres humanos.

Porém, em comparação com outras sociedades, os humanos têm uma consciência mais forte de comunidade — dela depende a vida de todos.

Para um antropólogo cultural, a palavra "civilização" se refere às quatro grandes sociedades que cercavam os rios Nilo, Tigre-Eufrates, Indo e Amarelo. Supõe-se que a civilização não existia antes dessas sociedades.

Mas a civilização existe no mundo animal. Aqui, uso a palavra "civilização" para me referir ao sistema de consciência individual e à sociedade governada pela inteligência em animais e humanos, que transcende sua natureza animal.

Nesse caso, as sociedades de caçadores-coletores e a prática de distribuição igualitária marcaram um período da história em que existia equilíbrio entre o intelecto e os valores humanos básicos de afeto e bondade.

Há quatro ou cinco milhões de anos, os macacos desceram das árvores e começaram a andar eretos, avançando, assim, para se tornar humanos.

Esses primeiros humanos são chamados de *Pithecanthropus*, e os seguintes humanos primitivos foram representados pelo Homem de Pequim e o Homem de Java. Os seres humanos de hoje são descendentes do Cro-Magnon.

Essas categorias não implicam uma evolução linear, mas fornecem uma visão geral desse processo.

"A CIVILIZAÇÃO É O SISTEMA DE CONSCIÊNCIA INDIVIDUAL E A SOCIEDADE GOVERNADA PELA INTELIGÊNCIA DE ANIMAIS E HUMANOS, QUE TRANSCENDE SUA NATUREZA ANIMAL."

As sociedades de caçadores-coletores de que falei já eram compostas pelo Homem de Cro-Magnon, cujos meios de subsistência eram a caça e a coleta.

A era que os antropólogos chamam de "pré-civilização", na qual os animais dominavam, corresponde à era do *Pithecanthropus* e dos humanos primitivos que se seguiram. Por usar o fogo e algumas ferramentas, essas sociedades já se diferenciavam daquelas formadas por animais selvagens, mas os seres humanos ainda eram muito parecidos com eles.

Após esse estágio, no entanto, a consciência humana evoluiu rapidamente. O cérebro se desenvolveu e alcançou a capacidade dos seres humanos atuais, o que levou ao despertar do intelecto.

Por exemplo, quando os restos mortais de um Neandertal foram encontrados, descobriu-se que ele viveu por anos com uma perna quebrada. Mesmo sendo deficiente, amigos cuidaram dele. A era de ajudar uns aos outros havia começado.

Esse período também foi revolucionário porque o conceito de morte surgiu pela primeira vez nos seres humanos: eles passaram a enterrar seus mortos, tornando-se conscientes da morte e do mundo depois dela. Essa consciência também representou a descoberta da "vida".

Tornar-se consciente da morte era tomar ciência de que eles tinham vida — algo diferente da morte. À medida que percebemos a distinção básica entre vida e morte, tornamo-nos mais conscientes de estarmos vivos. O intelecto se baseia na consciência e sua capacidade de fazer distinções; a mais básica delas é entre vida e morte.

Por muito tempo, o Homem de Neandertal foi considerado o ancestral direto do homem moderno, mas a análise genética refutou essa ideia. A teoria dominante agora diz que o Homem de Neandertal foi extinto por não conseguir se adaptar às mudanças ambientais.

De qualquer forma, durante esse período, o intelecto começou a se desenvolver nos seres humanos, e eles foram além do estágio em que o forte dominava o fraco. As sociedades caçadoras-coletoras se fundamentavam na ajuda mútua e na distribuição de recursos.

Para resumir a história da raça humana, a "civilização" de que falo é um período em que os seres humanos transcenderam o domínio do forte sobre o fraco e desenvolveram o intelecto, mas ainda permaneceram apegados aos atributos básicos de afeto e bondade.

Com a mudança para a sociedade agrícola, no entanto, as pessoas plantavam sementes na primavera e colhiam no outono, e assim, tomaram consciência do tempo. Estar ciente do tempo significa não viver aqui e agora.

À medida que o intelecto tornou-se dominante, as pessoas cada vez mais faziam distinções baseadas na utilidade, e a violência intelectual daqueles que matavam outros em busca de riqueza e poder se tornou aceitável.

ESTEJA AQUI

"O INTELECTO SE BASEIA NA CONSCIÊNCIA E SUA CAPACIDADE DE FAZER DISTINÇÕES; A MAIS BÁSICA DELAS É ENTRE VIDA E MORTE."

O surgimento das sociedades industriais, porém, fez o poder da comunidade diminuir, e as pessoas se esqueceram de que eram animais sociais.

Isso porque, erroneamente, começamos a nos ver como indivíduos vivendo vidas separadas. Não foi mais possível deter o imprudente domínio do intelecto.

Então, nossos atributos humanos mais básicos de afeto e bondade foram obscurecidos.

No entanto, as sociedades agrícolas ainda tinham um forte senso de comunidade, responsável por suprimir os problemas causados pelo intelecto.

ESTEJA AQUI

"A CAPACIDADE INTELECTUAL PRODUZIU CIVILIZAÇÃO, MAS TAMBÉM TROUXE MUITO SOFRIMENTO."

Amor e o inato poder de cura

Não somos meramente animais: somos animais com inteligência. Essa capacidade intelectual produziu civilização, mas também trouxe muito sofrimento.

A maioria de nossos problemas espirituais se deve à nossa inteligência sofisticada e imaginação poderosa. A ciência e a tecnologia também nos deram esperanças ilimitadas. Como resultado, às vezes nos esquecemos de nossa natureza fundamental enquanto seres humanos.

Nossa natureza fundamental enquanto seres humanos vem de nossa natureza fundamental enquanto mamíferos.

Tomemos o sistema médico moderno como exemplo. Quando uma pessoa está doente, a medicina tibetana geralmente busca trazer à tona o poder de cura natural inerente ao corpo. Mas os procedimentos cirúrgicos ocidentais procuram cortar a parte do corpo que não está funcionando, como se estivessem consertando uma máquina.

Uma máquina quebrada não consegue se consertar, então a parte que não funciona mais deve ser retirada e jogada fora.

Mas nosso corpo não é uma máquina. Mesmo estando danificado, doente ou ferido, o corpo humano tem o poder natural inerente de curar a si mesmo.

SUA SANTIDADE, O DALAI LAMA

"A MAIORIA DE NOSSOS PROBLEMAS ESPIRITUAIS SE DEVE À NOSSA INTELIGÊNCIA SOFISTICADA E IMAGINAÇÃO PODEROSA."

ESTEJA AQUI

"COMO RESULTADO,
ÀS VEZES NOS
ESQUECEMOS DE NOSSA
NATUREZA FUNDAMENTAL
ENQUANTO SERES
HUMANOS."

Quando dependemos demais da ciência e da tecnologia modernas, nosso próprio estilo de vida fica parecido com uma máquina, e nos afastamos de nossa natureza humana básica.

Uma pessoa que se tornou uma máquina não tem espaço para cultivar afeto ou compaixão pelos outros. Temos o conhecimento, mas nos falta a compaixão.

Quando cooperamos uns com os outros, conectados por uma confiança mútua e cheios de amor e compaixão, o sistema imunológico é forte.

Mas quando somos traídos ou nos sentimos negligenciados, ou quando sentimos raiva e tristeza pela maneira como os outros nos tratam, o poder de nosso sistema imunológico diminui drasticamente.

ESTEJA AQUI

A sensação de solidão, combinada com a de impotência, enfraquece o sistema imunológico mais do que qualquer coisa.

Quando nos sentimos sozinhos e abandonados, sem poder fazer nada a respeito, quando o amor e a compaixão nos abandonam, as defesas do corpo atingem seu nível mais baixo.

Assim, podemos ficar doentes com facilidade, ou uma doença como o câncer, que o sistema imunológico vinha mantendo sob controle, pode se agravar.

A ciência já mostrou que as saúdes mental e física estão conectadas.

Esse argumento é muito poderoso para ressaltar a importância da paz de espírito, da compaixão e da bondade.

SUA SANTIDADE, O DALAI LAMA

"QUANDO DEPENDEMOS DEMAIS DA CIÊNCIA E TECNOLOGIA MODERNAS, NOSSO PRÓPRIO ESTILO DE VIDA FICA PARECIDO COM UMA MÁQUINA...

ESTEJA AQUI

...E NOS AFASTAMOS
DE NOSSA NATUREZA
HUMANA BÁSICA."

Em uma sociedade industrializada como o Japão, não é suficiente estudar os ensinamentos e textos budistas. Precisamos de esforços para vincular esses ensinamentos ao conhecimento científico.

O medo, a ansiedade e o estresse enfraquecem o sistema imunológico. Alguns cientistas já afirmaram que a raiva inibe esse sistema de defesa.

Por outro lado, um estado relaxado de compaixão e bondade nos traz paz interior, apoiando e fortalecendo nosso sistema imunológico.

Esses fatos científicos demonstram a importância dos valores internos para as pessoas na sociedade moderna.

ESTEJA AQUI

"DEVEMOS PERCEBER A IMPORTÂNCIA DESSES VALORES E NOS ESFORÇAR PARA CULTIVÁ-LOS."

Os valores internos não podem ser produzidos por remédios, injeções ou máquinas.

O único caminho é percebermos a importância desses valores e nos esforçarmos para cultivá-los.

O importante agora é investigar essas ideias em nosso próprio laboratório mental, especialmente no que se refere às emoções.

Para isso, a tradição budista oferece recursos muito ricos. O budismo categoriza as diferentes emoções e explica em detalhes como lidar com as negativas e como aumentar as positivas, o que o torna relevante em nossa vida diária.

Budismo para um mundo moderno

Budismo não significa apenas recitar sutras, mas também estar conectado ao conhecimento científico que acabamos de citar — o que fala sobre a conexão entre o sistema imunológico e um estado interno de bondade.

Mas qual é o significado do budismo hoje e como ele pode se tornar relevante para a sociedade moderna? Ele não deve permanecer como um mundo religioso fechado; deve ser trazido para a vida diária.

Há um ditado que, em tradução livre, diz: "Qualquer coisa que faça, não importa quantos mantras você entoe: se não for acompanhada pela iluminação, você renascerá como uma cobra".

SUA SANTIDADE, O DALAI LAMA

"A ILUMINAÇÃO NÃO É UM MERO CONHECIMENTO E SIM, UMA QUALIDADE MENTAL INATA."

A iluminação não é um mero conhecimento e sim, uma qualidade mental inata. Sentimos e vivenciamos isso dentro de nós.

Cerimônias, orações, mantras e recitação de sutras não são suficientes. Não há diferença entre recitar o Sutra do Coração e reproduzi-lo em uma gravação [risos], se o primeiro não for acompanhado pela mente iluminada.

Certamente existem sacerdotes não iluminados que cantam como gravadores. Algumas pessoas dizem que recitar o Sutra do Coração traz poderes mágicos e sentem que suas palavras contêm algo misterioso.

Acho que, em circunstâncias especiais, só ouvir o som traz bons efeitos. Mas isso ajudaria os animais também? Mesmo se um animal não tem carma para sentir os efeitos, você acha que ouvir o sutra o ajudaria?

SUA SANTIDADE, O DALAI LAMA

"NÃO HÁ DIFERENÇA
ENTRE RECITAR O
SUTRA DO CORAÇÃO
E REPRODUZI-LO EM UMA
GRAVAÇÃO, SE O PRIMEIRO
NÃO FOR ACOMPANHADO PELA
MENTE ILUMINADA."

ESTEJA AQUI

"PARA SE TORNAR UM BUDA, É PRECISO ACUMULAR VIRTUDE E SABEDORIA."

Para se tornar um *tathāgata* [literalmente, "assim vindo", um epíteto do Buda], é necessário ter acumulado virtude e sabedoria. Ambas devem existir. Elas são a mesma coisa.

Para trazer o budismo à vida, devemos ter um renascimento budista. Para isso, o budismo deve ser explicado com base na pesquisa científica. Acho que é a maneira correta de fazer isso.

Primeiro, a comunidade budista deve ter um conhecimento mais profundo de como o budismo funciona. E, então, essa prática deve ser exaustivamente pesquisada segundo as descobertas científicas, para que se torne real e convincente.

A partir daí, os monges devem orientar outras pessoas no estudo do budismo.

ESTEJA AQUI

É por isso que eles precisam primeiro prestar atenção à importância do estudo.

Por meio da prática religiosa, devem servir como exemplos de bons seres humanos.

Se os monges forem exemplos para os outros, as pessoas serão levadas a estudar e praticar o budismo.

Até aí, nenhuma novidade. Não é reforma e sim, renascimento.

Responsabilidade própria

O guru yoga é muito importante na tradição tibetana, mas um aspecto negativo é que ele enfatiza a atitude de confiar tudo a ele, o que leva ao perigo de dependência excessiva.

Alguém uma vez me perguntou o que significa refugiar-se [nos Três Tesouros do Budismo: Buda, dharma e sangha].

A questão era saber se "refugiar-se" significa tornar-se totalmente dependente de alguma coisa, perder a independência.

Mas no budismo, especialmente na tradição Mahāyāna, refugiar-se significa querer se tornar como Buda e, ao fazer isso, o orgulho individual é muito forte e não nos tornamos dependentes.

"NO BUDISMO, ASPIRAMOS A NOS TORNAR COMO BUDA. AO FAZER ISSO, O ORGULHO INDIVIDUAL É MUITO FORTE E NÃO NOS TORNAMOS DEPENDENTES."

Nas religiões que aceitam a existência de Deus, entretanto, tudo é criado e determinado por Ele. Deus é grande, mas eu não sou nada.

Nessa maneira de pensar, o eu não pode agir de forma autônoma, porque somos dependentes do Deus criador, que tudo determina.

Essa maneira de pensar é muito útil para algumas pessoas, mas do ponto de vista budista, desencoraja a autoconfiança, o orgulho e o poder criativo de realizar coisas.

O Buda ensinou que, em última análise, você mesmo deve se tornar um Buda. Ele mesmo foi uma pessoa comum, como nós. Ele nos deu o exemplo praticando até atingir o estado de Buda.

ESTEJA AQUI

"O BUDA ENSINOU QUE, EM ÚLTIMA ANÁLISE, VOCÊ MESMO DEVE SE TORNAR UM BUDA. ELE MESMO FOI UMA PESSOA COMUM, COMO NÓS."

Posfácio

Comentário de Noriyuki Ueda

Durante minha entrevista com o Dalai Lama, percebi, pela primeira vez, o que significava a afirmação de que ele era a personificação viva de Avalokiteśvara e por que ele existe.

É bem sabido que o Dalai Lama reencarna em sucessivas formas humanas. Quando um morre, forma-se um grupo de busca para procurar o próximo, e eles viajam por todo o

Tibete à procura da criança que é sua encarnação seguinte. O décimo quarto Dalai Lama foi descoberto aos três anos como a reencarnação do décimo terceiro. O Dalai Lama reencarnado também é a personificação de Avalokiteśvara. Quando a vida de Avalokiteśvara como ser humano termina, ele reaparece em uma forma humana diferente.

De meu ponto de vista japonês, tudo isso é exótico; para os ocidentais, ainda mais.

Quando conheci o Dalai Lama em uma conferência internacional, há muitos anos, os participantes ocidentais o olhavam fascinados pelo "mistério oriental" que ele representava.

Mas por que o Dalai Lama reencarna? Por que Avalokiteśvara bodhisattva se manifesta? Muitas pessoas dizem que é porque a sociedade

"POR QUE O DALAI LAMA REENCARNA?"

tibetana acredita em reencarnação. Todas as coisas vivas reencarnam, assim como o Dalai Lama e os bodhisattvas.

Mas somente o Buda escapa do ciclo de nascimento e morte. A vida é sofrimento e a reencarnação é a continuação do sofrimento. Somente o Buda escapa desse ciclo e atinge o livramento do Nirvana.

Mas Avalokiteśvara reencarna porque quer.

Avalokiteśvara é o bodhisattva que jura ao Buda Amida que salvará todos os seres autoconscientes. Ele é o bodhisattva que os salva por incontáveis eras, até que, finalmente, atinge a iluminação e Amida o convida a se tornar um Buda.

ESTEJA AQUI

"O DALAI LAMA É O BODHISATTVA QUE JURA A BUDA AMIDA QUE SALVARÁ TODOS OS SERES DO SOFRIMENTO."

Mas Avalokiteśvara recusa a oferta e diz: "Quero continuar apegado à ajuda aos seres autoconscientes. Não vou me tornar um Buda; vou continuar voltando como um bodhisattva até salvar todos os seres do sofrimento".

"Em vez de atingir o livramento e me tornar um Buda, quero continuar renascendo e salvando seres autoconscientes..."

O Dalai Lama não está simplesmente renascendo. A vontade do bodhisattva de salvar os seres autoconscientes do sofrimento se manifesta na forma do Dalai Lama. Ele enfatiza o apego positivo que vale a pena manter, porque ele mesmo é a manifestação do apego de Avalokiteśvara.

Sem o apego à salvação de todos os seres autoconscientes, o Dalai Lama não existiria.

ESTEJA AQUI

É essa vontade que faz surgir o Dalai Lama. Uma vontade que precede o nascimento e a morte. Existe uma vontade que precede a própria existência. Assim é um bodhisattva.

Mas Avalokiteśvara não reencarna apenas para herdar uma antiga tradição.

Para salvar seres autoconscientes, o budismo deve mudar com o tempo. Um bodhisattva precisa se esforçar para aprender constantemente, estudar profundamente as antigas tradições, bem como a sociedade e a ciência modernas.

SUA SANTIDADE, O DALAI LAMA

"UM BODHISATTVA PRECISA SE ESFORÇAR PARA APRENDER, APRENDER, APRENDER CONSTANTEMENTE."

ESTEJA AQUI

"E DEVE BUSCAR MANEIRAS PARA QUE OS ENSINAMENTOS BUDISTAS TRADICIONAIS ATENDAM ÀS DEMANDAS DA SOCIEDADE MODERNA."

Um bodhisattva deve buscar maneiras para que os ensinamentos budistas tradicionais atendam às demandas da sociedade moderna, e deve investigar continuamente o papel do budismo em seu próprio tempo. Se não o fizer, não poderá salvar ninguém.

O próprio Dalai Lama deve sentir profundamente como o budismo é impotente quando não acompanha os tempos — quão impotente é um bodhisattva quando não pode se dirigir à sociedade em que vive.

É assim que ele descreve sua juventude no Tibete em *Liberdade no exílio: Uma autobiografia do Dalai Lama do Tibete*:

ESTEJA AQUI

É óbvio que, enquanto morei no Tibete, ser Dalai Lama significava muito. Significava viver longe do trabalho e do desconforto da vasta maioria de meu povo. A todos os lugares que ia, era acompanhado por um séquito de criados. Estava cercado por ministros, conselheiros vestindo suntuosas túnicas de seda e homens provindos das famílias mais nobres e aristocráticas do país. Meus companheiros diários eram estudiosos brilhantes e adeptos religiosos realizados.

Quando ele era criança, regentes, às vezes corruptos ou buscando algum benefício pessoal, detinham o verdadeiro poder político e, por não terem uma visão de futuro e ignorarem a revolução ocorrida, acabaram facilitando a invasão chinesa.

Os ensinamentos budistas também não conseguiram impedir a invasão.

Essa sensação de impotência é expressa explicitamente na autobiografia do Dalai Lama.

Por mais profundo que um ensinamento seja, se ele não acompanhar os tempos, não conseguirá ajudar os que sofrem.

O Dalai Lama deve ter se sentido impotente, mas não permitiu que essa sensação o dominasse. Como Avalokiteśvara, o que ele poderia fazer para aliviar o sofrimento humano? Naquela época, ele despiu-se da pessoa que havia sido até então.

ESTEJA AQUI

"POR MAIS PROFUNDO QUE UM ENSINAMENTO SEJA, SE ELE NÃO ACOMPANHAR OS TEMPOS, NÃO CONSEGUIRÁ AJUDAR OS QUE SOFREM."

Ele parou de reinar do topo de uma pirâmide, onde as únicas pessoas com quem falava eram aquelas que o adoravam.

Para testar a lógica dos ensinamentos budistas, começou a promover discussões, em pé de igualdade, com cientistas, políticos e outros líderes religiosos.

Ele se colocava em situações nas quais se arriscava a perder o debate, tentando descobrir qual papel o budismo poderia desempenhar no mundo.

Essa abordagem é exatamente o oposto da atitude das pessoas religiosas que também se sentem impotentes, mas nunca se envolvem em debates, a menos que tenham certeza de que vencerão e poderão se exibir.

ESTEJA AQUI

O budismo não estava lá para alimentar o poder do Dalai Lama e sim, para ajudar a humanidade.

Quando ouvimos que o Dalai Lama é a encarnação viva de Avalokiteśvara, tendemos a pensar que essa ideia vem de uma tradição antiga e ultrapassada.

No entanto, é por ser a personificação de Avalokiteśvara que o Dalai Lama está na vanguarda da sociedade moderna.

Quando esteve na Universidade de Stanford, em 2005, ele passou um dia — dos três que duraria sua visita — em um simpósio com neurocientistas pioneiros, envolvido em uma ampla discussão sobre como surgem o desejo, o apego e o sofrimento.

O Dalai Lama se envolve ativamente em diálogos com os líderes de hoje em todo o mundo.

Sua vida de mais de oitenta anos abrange os tempos feudais, modernidade e pós-modernidade. Ele foi criado como um monarca feudal, mas, no exílio, promoveu a modernização da política e da religião.

No lugar da frieza do sistema social moderno, ele defende uma sociedade baseada no afeto e na bondade.

O afeto e a bondade não representam apenas um renascimento dos valores tradicionais. Esse não é um movimento para restaurar o que foi perdido, e sim para manifestar o carinho e a gentileza que se desenvolveram na

ESTEJA AQUI

esteira da modernização e que são adequados aos nossos tempos.

Avalokiteśvara, cuja vida vai dos tempos feudais à pós-modernidade, não é outro senão o próprio Dalai Lama.

Ele está aqui, agora.

Este livro foi composto na tipografia Frutiger
LT Std, em corpo 11/20,5, e impresso em
papel off-white no Sistema Cameron da
Divisão Gráfica da Distribuidora Record.